Les petits malins

DESSINS
HUMORISTIQUES

D1386622

Les petits malins

DESSINS HUMORISTIQUES

Rédaction : Alastair Smith

Maquette : Karen Tomlins

Illustrations : Terry Bave et Graham Round

Photographies : Howard Allman

Directrice de la collection : Judy Tatchell
Directrice artistique : Ruth Russell

Traduction : Lucia Ceccaldi

SOMMAIRE

Les premiers visages

1.

Ces deux pages t'expliquent comment dessiner facilement un visage humoristique.

4.

Les lignes se croisent à angle droit.

2.

3.

Au crayon à papier, trace un cercle puis deux lignes (1). Place le nez à leur intersection. Les oreilles sont au même niveau que le nez et les yeux au-dessus (2).

Quand tu en as fini avec les traits du visage, efface les lignes repères (3) et termine le dessin avec des crayons de couleurs vives ou des feutres (4).

Visages à reproduire

En exagérant par exemple la forme et la taille du nez ou de la bouche, tu peux donner de nombreuses expressions aux personnages.

En tournant la tête

Quand le visage se tourne de côté, la ligne verticale au milieu du visage s'arrondit dans la même direction.

Lorsque le visage se tourne davantage de côté, la ligne s'incurve encore plus.

Le visage est vu de face.

Le visage regarde de côté.

Le visage regarde encore plus de côté.

Voici une vue de côté ou profil.

1.

2.

Têtes penchées

Pour dessiner un visage qui regarde vers le haut ou vers le bas (1, 2, 3), incurve la ligne horizontale qui traverse le visage au niveau du nez. Quand le visage regarde en haut et de côté (4), les deux lignes séparant le visage en quarts sont courbes.

3.

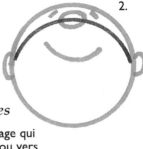

4.

5

Les personnages

Tu peux maintenant ajouter un corps à chaque visage en traçant des bâtonnets pour le buste et les membres. Dessine ensuite la silhouette du personnage tout autour. Trace les bâtonnets au crayon pour pouvoir les effacer par la suite.

Le corps en bâtonnets

Le tronc doit être plus long que la tête, et les jambes légèrement plus longues que le tronc et les bras. Le bassin doit être étroit, sinon les hanches du personnage paraîtront trop larges.

Tronc

Bassin

Les vêtements

Voici quelques suggestions. Habille tes personnages d'un sweat-shirt et d'un jean ou d'une jupe. Essaie aussi la veste ou la robe.

Pour cela, dessine les vêtements autour du corps en bâtonnets. Commence par le cou et finis par les pieds. Lorsque tu ajoutes les cheveux, s'ils tombent sur le visage, efface un peu le cercle de la tête.

6

Les mains et les pieds

La tête, les pieds et les mains d'un personnage humoristique sont plus grands que chez un vrai individu. Dessine ces formes.

Le coloriage

Lorsque tu as fini la silhouette de ton personnage, repasse sur le contour au feutre fin. Lorsque c'est sec, tu peux effacer les bâtonnets et colorier ton dessin.

Le contour doit être régulier.

Taches blanches luisantes sur le bout des chaussures

Lorsque tu colories les chaussures, laisse une tache blanche pour qu'elles paraissent brillantes. Si ton personnage a les jambes nues, dessine ses jambes avant de lui mettre des chaussures.

Tu peux ajouter des chaussettes sur des jambes nues.

7

Les expressions du visage

Pour donner vie à tes personnages, travaille l'expression de leur visage. Pour cela, il te suffira de modifier ou d'ajouter quelques lignes. Entraîne-toi à recopier les expressions de ces deux pages.

Prétentieux. Sourire de côté et yeux mi-clos.

Malade. Le visage est verdâtre et la langue pendante.

Préoccupé. Les sourcils sont froncés et la bouche pincée.

Clin d'œil. La bouche est retroussée du côté de l'œil fermé.

Songeuse. Les yeux levés regardent de côté.

Effrayé. Le visage est pâle et bleuâtre, les yeux sont écarquillés et les cheveux dressés sur la tête.

Bâillement. Le nez remonte près des yeux fermés. La bouche est grande ouverte, laissant entrevoir les dents.

Circonspect. Le personnage regarde de côté et fait la moue.

En colère. La bouche et les sourcils sont en ligne droite.

Triste. La bouche et les sourcils sont tombants.

Au fil du temps...

En vieillissant, le corps des personnages change de forme et la façon dont ils se tiennent, s'assoient et se déplacent n'est plus la même.

Les bébés

Un bébé a des formes arrondies, une grosse tête et des membres courts. Sa tête fait environ un tiers de la longueur totale du corps.

Les traits du visage sont dans la moitié inférieure de la tête.

Membres courts et potelés

Peu de cheveux

Front haut et arrondi

Yeux au milieu du visage

Les enfants

La tête des enfants reste grosse par rapport au corps. Il y a plus d'espace entre le menton et la bouche que chez le bébé.

Oreilles et nez au milieu du visage

Yeux un peu au-dessus de la ligne des oreilles

Les hommes et les femmes

Le corps et le visage d'une femme sont plus
ronds que ceux d'un homme. Pour arrondir
son visage, écarte davantage ses yeux.

*Sourcils
tombants*

*Des sourcils arrondis
adoucissent le visage.*

*Yeux au-
dessus de
la ligne
des oreilles
et du nez*

L'homme a un visage plus ovale
et son nez est plus gros que celui
de la femme ou de l'enfant.

La tête d'un
adulte fait
un peu
moins d'un
quart de la
longueur
du corps.

Les personnes
âgées sont
voûtées. Leur
tête est plus
en avant par
rapport au
corps.

Les personnes âgées

Elles sont généralement plus menues que les jeunes
adultes. Leur visage est arrondi, comme celui du bébé,
avec de petits yeux aux sourcils tombants.

*Cheveux placés plus
loin sur la tête*

*Oreilles placées plus
bas que le milieu
de la tête*

11

Différents points de vue

Il est utile de savoir dessiner un personnage vu de côté, de dos ou de face. Les silhouettes de droite donnent les formes de base. Commence par les esquisser pour que ton dessin ait les bonnes proportions.
Trace ensuite le contour et termine le personnage en t'aidant des illustrations de gauche.

De trois quarts

Dessine le corps d'une personne de trois quarts plus étroit que de face.

Le bras droit recouvre une partie du corps.

La jambe droite chevauche la gauche.

De profil

C'est de profil que le corps paraît le plus étroit. Tu peux voir la forme du nez et le dos de la main.

Le bras droit est en arrière du corps.

La jambe gauche est à peine visible derrière la droite.

De dos

De dos, les parties du corps ont la même forme et les mêmes dimensions qu'en vue de face.

Les talons sont visibles.

D'autres positions

Voici toutes sortes de personnages dans des postures diverses. Reproduis-les pour apprendre à dessiner les personnages dans différentes positions.

Esquisse d'abord les silhouettes avant d'ajouter les détails.

Esquisse la silhouette avant de dessiner la bicyclette.

Il est difficile de dessiner un personnage à cheval sur le dos d'un autre car leurs membres s'entremêlent.

Dessine le lasso en dernier quand tu as fini d'esquisser la silhouette.

Le mouvement

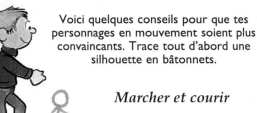

Voici quelques conseils pour que tes personnages en mouvement soient plus convaincants. Trace tout d'abord une silhouette en bâtonnets.

Marcher et courir

Une personne qui marche est légèrement penchée vers l'avant. Elle a toujours un pied au sol. Quand elle court, elle est encore plus penchée en avant. Ses bras sont pliés et bougent d'avant en arrière.

Le bras droit est en avant quand la jambe gauche est en arrière.

Dessine le personnage avec les pieds légèrement au-dessus du sol.

Gouttes de sueur

Plus une personne court vite, plus son corps est incliné vers l'avant et plus ses bras sont tendus.

Ajoute quelques lignes courbes pour indiquer le mouvement.

En pleine action

Voici plusieurs actions à reproduire. Aide-toi des personnages en bâtonnets qui les accompagnent.

Les lignes courbes montrent le mouvement de la raquette.

Ces lignes montrent la trajectoire du ballon.

Le corps est tourné vers le pied qui frappe le ballon.

Les lignes indiquent la direction et la vitesse du mouvement.

La chute

Ce personnage en bâtonnets descend un escalier en courant et trébuche. Recopie-le, puis dessine son corps.

15

D'autres mouvements

En exagérant certains aspects du dessin, tu peux donner une impression de vitesse ou d'effort.

Des cheveux et des vêtements, comme une écharpe, qui volent au vent accentuent la sensation de vitesse.

Et pour plus d'impact, tu peux ajouter des onomatopées en caractères gras majuscules. Si tu les écris en rouge ou jaune, elles attireront plus l'attention.

Nuages de poussière

Le personnage de la page suivante court pour attraper un autobus. Tu peux ajouter des mots comme ZOUM suivis d'un point d'exclamation.

Les personnages ci-dessous sont petits car très éloignés. Le nuage de poussière rapetisse au fur et à mesure qu'ils s'éloignent.

ZIP !

Le sol incurvé donne l'impression d'une grande distance parcourue.

Gouttes de sueur

Poings serrés

Ajoute des lignes de mouvement autour des lettres.

Les jambes pédalent dans le vide.

ZOUM !

Les instantanés

Tu peux dessiner des actions qui semblent figées sur un moment captivant, comme si tu faisais un arrêt sur image avec une vidéo.

Le bâton de ski s'envole.

La bouche et les yeux grands ouverts ainsi que le mouvement rapide de la tête lui donnent un air ahuri.

17

Le décor et la perspective

Grâce à son décor, il émane de l'illustration une impression de profondeur. Dessiner en donnant de la profondeur se dit dessiner en perspective.

Conseils

Plus un objet est éloigné, plus il a l'air petit. Ici, la femme est plus petite que le cambrioleur pour donner l'impression qu'elle est plus éloignée.

Dessine la femme plus haut que le cambrioleur, sinon ton dessin ressemblera à celui-ci : la femme paraît vraiment plus petite que le cambrioleur.

Point de fuite

Plus des lignes parallèles dans la réalité s'éloignent, plus elles se rapprochent sur le dessin. Elles se rencontrent en un point à l'horizon, le point de fuite.

Un point de fuite haut placé donne l'impression que l'on regarde la scène de haut. Que se passerait-il si tu dessinais le point de fuite en bas de page ?

Un dessin en perspective

Sur ce dessin, la femme est représentée plus petite et plus haut que le cambrioleur pour qu'elle paraisse plus éloignée.

Si ton point de fuite est situé en dehors de ton dessin, essaie de le tracer au crayon à papier afin de construire toutes les lignes de perspective.

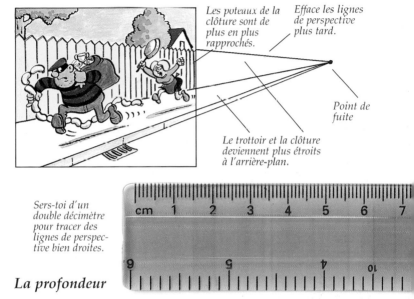

Les poteaux de la clôture sont de plus en plus rapprochés.

Efface les lignes de perspective plus tard.

Point de fuite

Le trottoir et la clôture deviennent plus étroits à l'arrière-plan.

Sers-toi d'un double décimètre pour tracer des lignes de perspective bien droites.

La profondeur

Voici d'autres façons de donner de la profondeur à ton dessin.

Les lignes des collines suggèrent que le paysage s'étend sur plusieurs kilomètres.

Le paysage devient plus pâle et moins précis en arrière-plan.

L'homme est grand parce qu'il est plus près de toi.

Les bandes dessinées

Les bandes dessinées sont des histoires
racontées par le biais d'une série de dessins.
Il est souvent délicat de reproduire chaque
personnage de façon identique d'une case à l'autre.
Donne-leur donc des traits faciles à dessiner.

Pour commencer

Imagine d'abord un thème,
puis crée une histoire
humoristique autour de
ce thème. L'idée doit être
simple et percutante.

Divise l'histoire en trois ou quatre parties. Tu peux varier la taille
des cadres et alterner des gros plans et des plans éloignés, pour
que l'ensemble soit plus intéressant.

Les bulles ou phylactères

Les pensées et les discours
des personnages sont
inscrits dans des bulles de
formes diverses. La forme
des bulles suggère la
façon dont le
personnage
parle.

Réfléchit...

Murmure

Hésitant

HIIIII !

papotage

EXCITÉ

Suis ces conseils pour réaliser un lettrage soigné à l'intérieur des bulles.

ÉCRIS EN MAJUSCULES ENTRE DEUX LIGNES AU CRAYON COMME CECI.

TOUTES LES LIGNES SONT DE MÊME LONGUEUR. CENTRE-LES EN TRAÇANT UNE LIGNE VERTICALE ET EN METTANT LE MÊME NOMBRE DE LETTRES DE PART ET D'AUTRE.

Le produit fini

Colorie l'arrière-plan en clair et les personnages de couleurs vives pour qu'ils ressortent. Les onomatopées ajoutent du piquant à la bande dessinée.

Place les bulles sur le ciel ou dans des zones peu chargées. Dispose-les de la gauche vers la droite, pour que le lecteur les lise dans le bon ordre.

Les effets spéciaux

Les effets spéciaux donnent du piquant aux dessins. Voici quelques idées pour ajouter une touche spectaculaire et de l'atmosphère à tes dessins.

Ombres et silhouettes

La nuit, utilise des effets de lumière pour que les dessins aient l'air plus effrayants.

Silhouettes de gens assis devant une source de lumière

Grâce à l'éclair, le château est transformé en silhouette d'épouvante.

Les immenses ombres sur le mur sont menaçantes.

Les onomatopées

Certains mots et formes de bulles
créent un effet sonore. Le plus commun
est celui de l'explosion mais il en existe
bien d'autres.

*Le contour irrégulier de la
bulle suggère le cri et la
surprise du personnage.*

Deux bandes dessinées

Ces bandes dessinées utilisent certains des
effets spéciaux présentés sur ces deux pages.

Les animaux

Dessine des animaux de la même façon que les personnages, en utilisant des formes et des lignes simples et en ajoutant ensuite les traits physiques de chacun. Pour leur donner de la personnalité, tu peux te servir de leurs caractéristiques naturelles, comme les griffes, la queue et les oreilles.

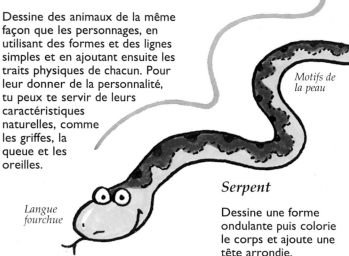

Motifs de la peau

Langue fourchue

Serpent

Dessine une forme ondulante puis colorie le corps et ajoute une tête arrondie.

Éléphant

Trace d'abord deux cercles concentriques. Ajoute ensuite des oreilles et une trompe.

Oreilles battantes

Trompe recourbée et ridée

Cochon

Commence par trois cercles. Celui du milieu est le groin.

Vue de dos

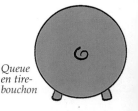

Queue en tire-bouchon

24

Chien

La tête du chien est légèrement pointue au sommet.

Longues oreilles

Queue frétillante

Chat

Le chat a une tête plus arrondie que le chien.

Corps en forme d'œuf

Ajoute le visage, les oreilles et des bâtonnets pour les pattes.

Souris

Trace deux cercles, l'un légèrement plus grand que l'autre.

Grandes oreilles

Grandes dents

Longue queue

Oiseau

Le corps de l'oiseau est ovale et sa tête ronde.

Longues pattes fines

Singe

Son museau a une forme caractéristique.

Grandes oreilles

Longs bras

Longue queue

Pattes fines

Lion

Son corps a la même forme que celui du chien.

Crinière ondulée

Sourcils relevés pour plus de noblesse

Grosses pattes

Mouton

Le mouton a un gros corps et une petite tête.

Toison de laine

Pattes fines

Air stupide

Vache

La vache a un corps de forme rectangulaire.

Tête triangulaire

Cornes et oreilles

Pis

Baleine

La baleine est arrondie sur l'avant.

Jet d'eau

Poisson

Le poisson est plus pointu à l'avant.

Poisson tropical

Yeux ronds

Bouche ouverte

Girafe

La girafe a une petite tête au sommet d'un très long cou.

Petites oreilles et cornes

Air ahuri

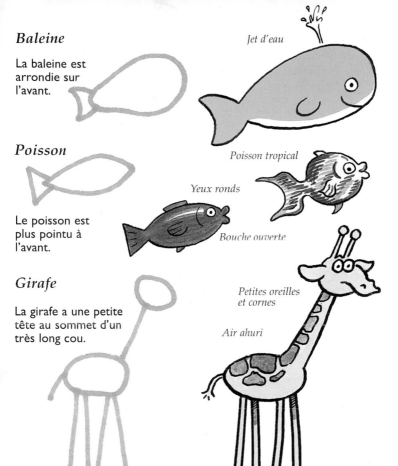

Dans les bandes dessinées

Les histoires peuvent sembler violentes, mais on ne s'y fait jamais vraiment mal.

Le matériel

Ce matériel pourra t'être utile quand tu réaliseras tes propres dessins. On le trouve en papeterie et dans les magasins d'articles de dessin.

Crayons

Les crayons à papier ont des mines qui vont de l'extra-dure (9H) à l'extra-tendre (7B). Les plus utiles sont ceux allant de 2H à 2B.

Un crayon dur moyen (2H) marque bien le papier et donne un trait qui ne bave pas.

Les stylos de dessin techniques

Avec une pointe, on trace un contour très précis. Ce type de stylo est très utile pour le lettrage des bandes dessinées.

Les stylos de dessin techniques sont chers mais donnent un résultat soigné.

Les feutres

Les feutres donnent des teintes vives idéales pour les dessins humoristiques. On trouve diverses tailles de pointe en fonction de l'usage que l'on veut en faire.

Un feutre à pointe fine est une solution de rechange plus économique que le stylo ci-dessus.

Un feutre à pointe fine est pratique pour les détails.

Un feutre à pointe large est idéal pour colorier de larges zones.

Les crayons de couleur

L'avantage des crayons de couleur est qu'ils existent dans une multitude de teintes. Les dessins humoristiques sont souvent coloriés de façon très uniforme, avec très peu de jeux de lumière ou d'ombre. Entraîne-toi donc à appliquer uniformément les couleurs.

Le papier

Un carnet à dessins bon marché te permet de conserver ensemble tous tes croquis. Pour des dessins plus importants, sers-toi d'un papier de meilleure qualité à la surface plus lisse et sur lequel les feutres ne bavent pas comme sur le papier brouillon.

Les crayons doivent être bien taillés pour dessiner des détails et émoussés pour colorier de larges surfaces.

Les crayons de couleur ne bavent pas comme les feutres.

Méli-mélo

Voici plein de dessins de têtes, de corps et de membres vus sous des angles différents. Tu peux les reproduire et les utiliser dans tes propres dessins. Souviens-toi qu'une personne peut te regarder de face et avoir le corps de côté, et vice-versa.

Heureuse

Rieur

Triste

Furieux

Soupçonneuse

Effrayé

Surprise

Rusé

Heureux

Rieuse

Triste

Furieuse

Soupçonneux

Effrayée

Surpris

Rusée

Cheveux longs

Casquette de base-ball

Nattes

Bonnet de laine

30

Marcher	*Courir*	*Agiter la main*	*Se tenir par l'épaule*

Marcher	*Courir*	*Se croiser les bras*	*Montrer du doigt*

  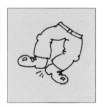

Marcher	*Courir*	*Se tenir debout*	*Danser*

 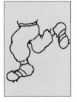  

Marcher	*Courir*	*Sauter*	*Marcher sur la pointe des pieds*

Jambes maigres	*Jambes courtes et potelées*	*Glisser*	*Monter un escalier*

Index

Ce livre reproduit des passages et des illustrations empruntés aux ouvrages suivants : Bandes dessinées et caricatures (Savoir dessiner) et Le grand livre du dessin.